coleção primeiros passos 119

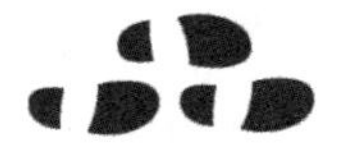

Carlos Garcia

O QUE É NORDESTE BRASILEIRO

editora brasiliense

Primeira edição, 1984
9ª edição, 1995
2ª reimpressão, 2011

Revisão: *José G. Arruda* e *M. Eloísa P. Tavares*
Capa e ilustrações: *Ettore Bottini*
Diagramação: *Iago Sartini*
Atualização da Nova Ortografia: *Natália Chagas Máximo*

Dados Internacionais de Catalogação na Publicação (CIP)
(Câmara Brasileira do Livro, SP, Brasil)

Garcia, Carlos, 1934-
O que é nordeste brasileiro / Carlos Garcia. -- São Paulo: Brasilense, 1999. -- (Coleção Primeiros Passos ; 119)

ISBN 85-11-01119-6

1. Brasil. Nordeste - Condições rurais
2. Brasil, Nordeste - Condições sociais 3. Brasil, Nordeste - História 4. Brasil, Nordeste - Política e governo
I. Titulo. II. Série.

99-2938 CDD-320.9812

Índices para catálogo sistemático:
1. Nordeste : Brasil : Política e governo 320.9812

editora e livraria brasiliense
Rua Mourato Coelho, 111 – Pinheiros
CEP 05417-010 – São Paulo – SP
www.editorabrasiliense.com.br

ÍNDICE

Para
Ângela,
Roberta
e Rodrigo

I
MUITOS NORDESTES

Quando se fala em Nordeste, vem imediatamente à lembrança a imagem de uma região de extrema miséria, sujeita a secas periódicas que dizimam os rebanhos e frustram as lavouras, provocando o êxodo e a morte por fome e sede. Ou então a truculência dos "coronéis" proprietários de terras, mandando matar ou surrar os trabalhadores e tentando impedir que eles se organizem em ligas camponesas ou sindicatos. O Nordeste é ainda associado ao cangaço, forma de banditismo rural que algumas pessoas nos últimos tempos têm tentado transformar em movimento romântico de homens injustiçados que lutavam contra o desmando dos latifundiários em defesa dos pobres.

Na realidade, o Nordeste é um bolsão de pobreza, o maior do mundo, onde dois terços da população vivem em situação de pobreza absoluta. Entretanto, o Nordeste não é apenas isso. Não é sequer um só. Existem vários Nordestes, de características climáticas, humanas e até culturais, diferenciadas entre si. Existem até Nordestes ricos, pequenas ilhas de riqueza incrustadas num imenso mar de miséria.

A ideia da existência de muitos Nordestes surge em qualquer pessoa que viaje pela região. Até mesmo um observador desatento notará as diferenças. Os hábitos alimentares, por exemplo, são bem diversificados. O linguajar de um vaqueiro do semiárido não é o mesmo de um trabalhador da cana ou do homem da capital. E, muitas vezes, até a mesma palavra traz outro significado quando transportada de uma área a outra.

O Nordeste é uma região de contrastes. Nele podem ser encontradas populações vivendo num estádio de seminomadismo – como os moradores do sertão que, todos os anos, se deslocam para trabalhar no corte da cana-de-açúcar na Zona da Mata – e grupos, principalmente nas grandes cidades, que atingiram as etapas mais avançadas da civilização moderna. Na região existem desde comunidades que vivem praticamente sem utilizar dinheiro a pessoas que se dedicam à especulação no mercado financeiro.

Há aqueles que vivem a dezenas de quilômetros de qualquer estrada carroçável e os que diariamente enfrentam problemas de engarrafamento de trânsito nas grandes capitais.

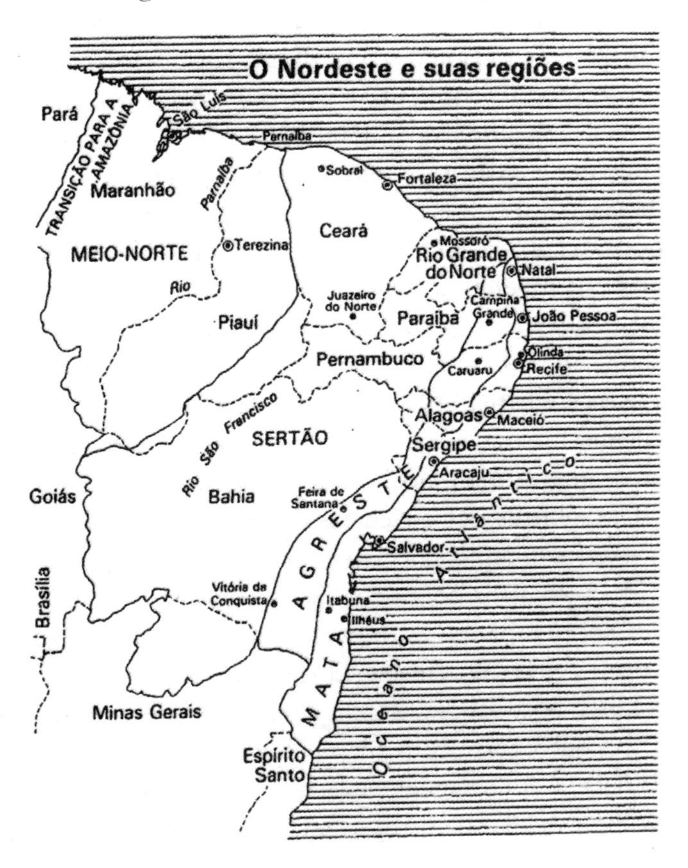

Diversidade geográfica

Não é também o Nordeste uma região que apresente uniformidade de clima, de topografia, de solo, de vegetação. Na imensidão do seu território existem rios caudalosos como o São Francisco e o Parnaíba ao lado de centenas de outros que secam todos os anos. Há matas luxuriantes e áreas que lembram desertos inóspitos; serras de mais de 1.000 metros de altitude, onde a temperatura pode cair abaixo de 10 graus nas noites de inverno e vales onde a temperatura atinge os 40 graus.

Costuma-se ver o Nordeste como a região mais estudada e menos compreendida do Brasil. E é verdade, mas apenas em parte. O Nordeste é realmente a área do Brasil que mais se estudou e sobre a qual foram escritos mais livros de História e Sociologia. Entretanto, muito pouco existe sobre aspectos técnicos e científicos da região, para que permita um conhecimento exato das suas potencialidades e recursos. Sabe-se muito mais sobre o passado do que sobre o presente, embora a partir da criação da SUDENE, em 1959, tenham sido iniciados estudos sistemáticos visando à elaboração de um retrato completo da região.

O que ocorre com a agricultura é um bom exemplo da falta de conhecimentos, de estudos, de pesquisas sobre o Nordeste. A cana-de-açúcar, uma das principais riquezas

da região, ainda hoje é plantada quase que com as mesmas técnicas e processos utilizados quando do início do seu cultivo, há quatro séculos e meio. Na área do semiárido, o plantio de lavouras acompanhando as curvas de nível, uma técnica elementar em conservação de solos em declive, é praticamente desconhecido e, por isso, utilizado apenas por uns poucos agricultores. O arado puxado por um animal de carga é uma cena rara no Nordeste.

Somente nos últimos anos começou a firmar-se a consciência de que no território tropical semiárido terá de desenvolver-se uma agricultura diferente da que é praticada na região tropical úmida, com a utilização de outros tipos de plantas. Ainda hoje, insiste-se em cultivar milho e feijão em climas totalmente inadequados a tais culturas, que exigem chuvas regulares. Somente em 1975 foi criado um órgão de pesquisas para estudar a agricultura naquela área, o Centro de Pesquisa Agropecuária do Trópico Semiárido.

Manifestações artísticas

Quando se pensa em Nordeste, pensa-se também em música, folclore, artesanato – manifestações culturais em que é riquíssima a região. A mistura das três raças formadoras da sociedade brasileira foi mais forte na região nordestina que em qualquer outra parte. Ali, deu-se a miscigenação com maior intensidade, sendo mais marcante a presença do negro e do índio na cor e em outros caracteres étnicos. Deve-se provavelmente a tal mistura de raças a grande diversidade da música nordestina.

Também não há uma só música nordestina, mas músicas nordestinas. O samba, ritmo de origem inequivocamente negro e dançado com esse nome nos canaviais nordestinos pelos escravos desde os primeiros anos da colonização, nada tem a ver com o frevo. E o frevo, surgido no final do século passado no Recife, derivado dos dobrados executados pelas bandas militares, é, por sua vez, totalmente diferente do baião ou do xaxado, nascidos entre os vaqueiros do semiárido. O maracatu, quase africano puro, começou a ser tocado nos canaviais. E a ciranda, toca da e dançada pelos pescadores do litoral, originou-se nas cantigas de roda europeias.

Em outras manifestações folclóricas nordestinas mostra-se igualmente bem marcante a fusão das culturas ibérica, africana e indígena. Os autos de Natal trazidos pelos portugueses adquiriram no Nordeste características e coloridos próprios. O pastoril é o mais conhecido e executado deles; o fandango ou chegança trata da luta entre mouros e cristãos; o bumba-meu-boi (ou simplesmente boi) gira em torno de um boi que morre e é ressuscitado, uma manifestação comum às sociedades pastoris. O caboclinho, manifestação carnavalesca, é totalmente indígena, enquanto o coco tem suas origens afras bem definidas.

No artesanato nordestino também é clara a presença das três culturas que formaram a sociedade brasileira. No artesanato utilitário predominam os objetos utilizados pelos primitivos habitantes da América: os cestos de palha trançada, os vasilhames de barro, as redes de dormir. No artesanato de decoração ou religioso são predominantes as culturas europeias e africanas. A presença, hoje, de um grande número de nordestinos dedicados ao artesanato, bem superior ao de qualquer outra região do Brasil, deve-se ao alto índice de desemprego ali registrado, uma vez que o artesanato é um subemprego, sempre mais presente nas regiões subdesenvolvidas.

Rebeldia

O Nordeste é ainda a região onde uma elite privilegiada, concentrada nas suas principais cidades, tem desenvolvido, através dos séculos; movimentos de relevância para a história da cultura brasileira. As ideias difundidas no Seminário de Olinda ajudaram a criar a ideologia da Independência, assim como a sesquicentenária Faculdade de Direito do Recife forneceu ao País muitos dos ministros do Império e da Primeira República. Foi lá que igualmente nasceu a famosa Escola do Recife, um movimento filosófico inspirador de boa parte do pensamento brasileiro no fim do século passado e no início do atual.

Traço marcante na personalidade do nordestino, e portanto do Nordeste, tem sido a rebeldia, embora um tanto arrefecida nos últimos tempos. Tantos foram os atos de inconformismo dos nordestinos através da História que um jornalista da Corte chegou a falar no "vapor maligno dos pernambucanos", por ser Pernambuco que liderava as muitas revoluções libertárias, primeiro contra Portugal, depois contra D. Pedro I e até contra o manso D. Pedro II – quando se tentou, em 1848, pela primeira vez nas Américas, a implantação dos ideais socialistas.

A rebeldia dos nordestinos bem pode ser resultado do fato de se acreditarem eles discriminados e, algumas vezes, até mesmo espoliados pelas metrópoles. Uma das causas da Revolução de 1817, por exemplo, foi o fato de ser cobrada dos recifenses uma taxa para iluminação pública das ruas do Rio de Janeiro, onde Dom João VI instalara sua Corte, fugindo das tropas de Napoleão. Têm os nordestinos a consciência de que o atraso de sua região é resultante do fato de os governos federais não lhe darem a mesma atenção dispensada aos estados do Centro-Sul.

Não esquecem os nordestinos que, do petróleo produzido em seu território e nas suas costas, nada reverte

em benefício da região. E costumam dizer, como piada, que se o nordeste fosse um país independente seria membro de OPEP e cheio de petrodólares.

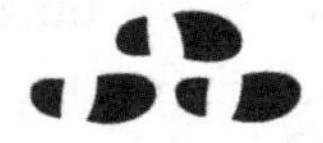

II

REGIÕES NATURAIS

O Nordeste compreende nove estados: Maranhão, Piauí, Ceará, Rio Grande do Norte, Paraíba, Pernambuco, Alagoas, Sergipe e Bahia, mais o Território Federal de Fernando de Noronha e parte norte de Minas Gerais. Nessa área de 1.660.359 quilômetros quadrados, correspondente a 19,5% do território nacional, vivem, segundo o censo de 1980, 35.412.887 brasileiros, exatamente 29,4% da população do País. Quase um terço dos brasileiros são nordestinos, que ocupam um quinto das terras do Brasil. Esse imenso território, onde caberiam ao mesmo tempo as duas Alemanhas, a Dinamarca, a Holanda, a Bélgica, a Suíça, a

França, a Espanha e Portugal, apresenta uma grande variedade de vegetação, solo e clima.

O Nordeste está dividido em quatro grandes regiões naturais: Mata, Agreste, Sertão e Meio-Norte. A Mata é uma região de clima tropical úmido e deve seu nome ao fato de ter sido originalmente coberta por densas e exuberantes florestas. O Agreste e a região do Sertão têm clima tropical semiárido, sujeitos a secas periódicas e ocupam 60% do território nordestino. (Neste livro, quando falarmos em Semiárido, estaremos nos referindo a essas duas regiões). O Meio-Norte, por fim, é uma região de transição entre o Nordeste, o Norte e o Centro-Oeste brasileiro.

A mata

A Mata é uma faixa paralela à costa que se estende do Rio Grande do Norte ao sul da Bahia, com uma área total de 128.000 quilômetros quadrados, equivalentes a apenas 8% do território do Nordeste. É nessa região que vivem mais de 30% da população nordestina e onde está localizado seu parque industrial, bem como as principais riquezas da região: as lavouras de cana-de-açúcar e de cacau. Nela estão as capitais dos estados do Rio Grande do Norte, Paraíba, Pernambuco, Alagoas, Sergipe e Bahia, todas cidades erguidas à beira-mar.

As chuvas são regulares na Mata, variando de intensidade, entretanto, de uma área para outra. A média de precipitações pluviométricas é superior a 1.000 milímetros por ano, existindo municípios onde essa média atinge até 2.464 milímetros, como é o caso de Barreiras, no sul de Pernambuco. O clima é quente e úmido, há somente duas estações bem definidas: uma chuvosa e outra seca. São poucos os dias em que a temperatura ultrapassa os 30°C, sendo a média anual de cerca de 25°C.

Uma das características da Mata é a grande diversidade de frutas nativas que deleitam os paladares mais requintados e com as quais se preparam deliciosos sucos e doces: o caju, a mangaba, a pitanga, o araçá, o cajá... Pela semelhança com o clima do subcontinente indiano e da Polinésia, também lá se adaptaram outros apreciados frutos originários daquelas regiões e das ilhas do Pacífico Sul, como a manga, a graviola, a jaca, a fruta-pão.

Outro fruto não nativo do continente americano e que encontrou no litoral oriental do Nordeste um excelente "habitat" foi o coco-da-baía. Dele se extrai um óleo comestível muito usado na cozinha nordestina, além de saudável e refrescante água. O cultivo do coqueiro, árvore-símbolo do Nordeste, é hoje uma atividade de grande rentabilidade econômica, que se desenvolve desde o Rio Grande do Norte até a Bahia.

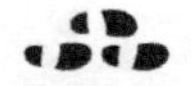

O Agreste

O Agreste é uma zona de transição entre a Mata e o Sertão. Nele se mistura a vegetação exuberante daquela com as plantas xerófilas deste, ora com predominância de uma, ora de outra. Xerófilas são espécies que, para sobreviver, se adaptaram às condições de pouca água. Para isso criaram mecanismos contra a evaporação, como a transformação de folhas em espinhos (exemplo: os cactos), a redução do tamanho das folhas, a queda das folhas durante os períodos sem chuvas, o engrossamento das cascas e a formação de uma cobertura de cera. Também suas raízes transformaram-se de forma a armazenar substâncias nutritivas.

De área aproximadamente igual à da Mata, o Agreste corre paralelo a ela, desde o Rio Grande do Norte até o sul da Bahia, espremido entre a Mata e o Sertão. O clima é tropical semiárido, embora de chuvas com índices mais altos que no Sertão. E o Agreste uma região menos sujeita à seca do que o Sertão, apesar de igualmente afetada nas grandes estiagens.

Seus primeiros povoadores foram criadores de gado. Depois, a pecuária foi aos poucos empurrada para oeste, em direção ao Sertão, pelas plantações de algodão, milho, feijão e café. Durante muitos anos foi o grande produtor de cereais de todo o Nordeste. Atualmente, observa-se um movimento inverso: a pecuária volta gradativamente a ocupar as terras do Agreste, levando à derrubada das matas remanescentes, para o plantio de pastagens. Como no Sertão, a irregularidade das chuvas também causa problemas no Agreste, tornando a cultura de cereais uma aventura econômica.

O Sertão

O Sertão é a região mais extensa e equivale a mais da metade do território Nordestino. Possui clima tropical semiárido e é coberto, quase que em sua totalidade, por uma vegetação denominada caatinga (palavra de origem tupi que significa mato branco), onde predominam as plantas xerófilas, espécies que, por sua estrutura especial, resistem à carência de água. Compõem a região parte do Piauí, todo o Ceará, a maior parte dos estados do Rio Grande do Norte, Paraíba, Pernambuco e Bahia, mais uma pequena área de Alagoas, Sergipe e Minas Gerais.

O território semiárido não é uma área homogênea. Apresenta uma grande variedade de vegetação e de paisagem, embora tenha como característica comum a baixa pluviosidade, que apresenta um índice de 700 mm, que cai para menos de 500 mm em alguns bolsões. O cientista

Sertão (Ceará).

José Guimarães Duque, um dos maiores conhecedores do semiárido, dividiu esse território em seis regiões ecológicas: caatinga, sertão, seridó, agreste, carrasco e serras, nomes tirados da língua dos primitivos habitantes ou adotados pela população branca.

Foi também o agrônomo José Guimarães Duque o primeiro a estudar com métodos científicos as potencialidades agropecuárias do Nordeste seco, partindo do fato de que a "aridez", embora limite o desenvolvimento vegetal, proporciona, contudo, muitas vantagens importantes: salubridade, abundância de plantas xerófilas de alto valor industrial, como o algodão, a carnaúba, o sisal, a mamona, a oiticica, a palma forrageira; colheitas de produtos não possíveis nas regiões chuvosas; clima propício ao desenvolvimento da pecuária; facilidade para construção e conservação das vias de comunicação e permite, pela variação de elementos físicos e valores biológicos, a formação de regiões de exploração agrícola e mineral diversificadas.

Na parte oriental do Nordeste, é a proximidade do mar que indica as áreas de maior volume de chuvas. Na parte norte, entretanto, não ocorre o mesmo, e o território semiárido em muitos pontos do Ceará e Rio Grande do Norte chega até a praia com sua vegetação característica de plantas xerófilas. E nessa parte de solo arenoso, onde o cajueiro encontra seu melhor "habitat", constituindo-se numa importante fonte de riqueza, pois a castanha, usada como salgadinho em coquetéis, e o líquido extraído da casca da castanha (LCC), de largo emprego industrial, mas principalmente na fabricação de tintas e como lubrificante resistente a altas temperaturas, são produtos de grande valor no mercado internacional.

O Meio-Norte

O Meio-Norte é uma área de 422.911 quilômetros quadrados, pouco mais de 27% do território nordestino. Compreende parte do Piauí e todo o Maranhão, um território equivalente ao da Alemanha Ocidental. Aí, a pluviosidade média anual situa-se acima de 1.000 milímetros, chegando, no norte do Maranhão, a chamada Pré-Amazônia Maranhense, de características semelhantes às da Amazônia, a superar a faixa dos 1.800 milímetros.

É o Meio-Norte uma região de transição entre o Nordeste seco, o Centro-Oeste e a Amazônia. Somente é atingido pela escassez de chuvas nos grandes ciclos secos, como o iniciado em 1979. Na parte do Piauí, ainda possui alguns rios temporários, mas a quase totalidade dos seus cursos d'água são rios permanentes, alguns deles caudalosos, como o Parnaíba, entre Piauí e Maranhão, o Itapecuru, o Mearim, o Grajaú e o Pindaré, estes no Maranhão.

Essa região natural é coberta por uma vegetação bastante diversificada. Ao sul, predominam as árvores características do cerrado do Centro-Oeste; ao norte, a floresta amazônica; e a leste, a caatinga do semiárido. Em alguns pontos, as três vegetações se confundem.

Nas baixadas e nas várzeas do Meio-Norte, entretanto, há predominância de dois tipos de palmeiras – a carnaúba do Piauí e o babaçu do Maranhão –, que representam fontes naturais de recursos para os dois estados. Das folhas da carnaúba é extraída uma cera e o coco do babaçu produz um óleo de excelente qualidade. São produtos de largo emprego industrial e que, exportados, geram divisas para o País. Tanto a carnaúba quanto o babaçu não são cultivados: os que se dedicam à sua exploração limitam-se a cortar as folhas da carnaúba na época propícia, bem como a recolher os cocos do babaçu quando caem ao solo.

Fernando de Noronha

O Território Federal de Fernando de Noronha, também incluído no Nordeste, nada mais é que um arquipélago de formação vulcânica, erguido abruptamente do oceano Atlântico, a 345 quilômetros da costa do Rio Grande do Norte. São vinte ilhotas, a grande maioria pedras desnudas que emergem das águas. Apenas a ilha principal é habitada, com uma população de cerca de 1.300 pessoas. Todo o arquipélago não soma além de 26 quilômetros quadrados.

Fernando de Noronha, por sua localização, é de grande importância estratégico-militar e para as comunicações. Não tem maior valor econômico, embora sua potencialidade para exploração do turismo seja imensa, graças à beleza natural do lugar, habitado por nuvens de pássaros marinhos, com suas águas de grande piscosidade. Uma curiosidade é ter Fernando de Noronha o mesmo sistema de chuvas do semiárido e estar também sujeito a secas periódicas.

III RIQUEZA E POBREZA

O Nordeste apresenta um nível de desenvolvimento econômico bem inferior ao restante do País. Essa desigualdade tem sido motivo de preocupação constante dos governantes brasileiros, embora nunca tenham materializado em ações efetivas essa preocupação. Alguns exemplos ilustram o desnível: a renda *per capita* dos nordestinos é de 800 dólares anuais contra a média de 2.000 para o resto do País. O produto industrial de todo o Nordeste corresponde a apenas 7% do produto industrial do Brasil, enquanto só o Rio Grande do Sul, para citar apenas um estado como exemplo, tem o produto industrial correspondente a 8%

do total brasileiro. E mais: o Nordeste gera apenas 12% da renda bruta nacional; e circulam na região apenas 8% do dinheiro existente no Brasil.

Estima-se que existam no Nordeste pelo menos 20 milhões de pessoas vivendo em estado de extrema pobreza. E, embora as secas tenham sua parcela de responsabilidade na formação desse quadro, não há como responsabilizá-las exclusivamente por ele. Se assim fosse, o Maranhão, de clima chuvoso, não seria mais subdesenvolvido do que o Ceará, por exemplo, cuja totalidade do território é sujeita a frequentes estiagens. Deve-se procurar em outros pontos as causas da pobreza da região, talvez na estrutura fundiária ou nas relações entre o capital e o trabalho. Nunca, porém, na competência ou na capacidade de trabalho do nordestino que, quando transferido para outras plagas, mostra-se capaz de aprender com facilidade e de produzir com tenacidade.

Vale ressaltar que a concentração de renda no Nordeste é bem mais acentuada do que no resto do Brasil e vem-se agravando nos últimos anos. Em 1960, os 10% mais ricos detinham aproximadamente 45% da renda; em 1970, detinham 50%; a, em 1980, essa percentagem ascendeu a nada menos que 70%. Números assim apontam a violenta injustiça social que tem representado o modelo de desenvolvimento econômico adotado na região nos últimos vinte anos. Apesar do inegável crescimento econômico do Nordeste

(6,3% nesse período, um pouco inferior ao do Brasil, como um todo, 6,9%), a grande maioria dos nordestinos empobreceu ainda mais nas duas últimas décadas.

Riqueza

O Nordeste, no entanto, foi a região mais rica da América Portuguesa durante mais de três séculos. Por todo o período colonial e metade do Império, constituiu-se no principal gerador de riquezas para o Reino de Portugal e, depois, para o Império Brasileiro. Perdeu essa posição apenas durante alguns decênios do século XVIII, quando as lavras de ouro de Minas Gerais se encontravam em plena produção, época em que ocorreu a transferência da sede do governo geral da Colônia, da Bahia para o Rio de Janeiro, porto por onde escoava para Lisboa o ouro brasileiro.

O pau-brasil, nos primeiros anos da colonização, a cana-de-açúcar, trazida pelos primeiros donatários, e o algodão, a partir do final do século XVIII, asseguraram ao Nordeste a posição de uma região rica, a ponto de despertar a cobiça dos mercantilistas holandeses, que armaram frotas e exércitos para conquistá-lo. Também o couro de gado bovino, exportado para Portugal em grandes quantidades, assegurou a prosperidade do Nordeste, principalmente no século XVIII.

A riqueza representada pelo pau-brasil logo desapareceu. E que houve uma verdadeira devastação nas matas daquela árvore produtora de tinta vermelha. Era o pau-brasil propriedade real, não do dono da terra. Sua exploração somente competia a quem para isso tivesse autorização especial do rei de Portugal. As pessoas munidas de tal documento entravam livremente em qualquer propriedade e derrubavam quanta madeira entendessem poder transportar.

Os donos das terras não tinham, assim, interesse em plantar pau-brasil e, aos exploradores, faltava motivação econômica para fazê-lo. As matas, assim, foram pouco a pouco sendo dizimadas. Com o aparecimento de corantes artificiais, foi o pau-brasil legado a tal ponto de esquecimento que, por longos anos, acreditou-se fora a espécie exterminada. Até 1927, quando um grupo de botânicos pernambucanos, não conseguindo classificar certo tipo de árvore encontrada nas matas do engenho São Bento, a 30 quilômetros do Recife, enviou amostras da madeira à Universidade de Berlim (que fora, no século XVII, o maior centro botânico do mundo), solicitando sua identificação. A resposta foi surpreendente: aquela madeira de miolo vermelho era exatamente o pau-brasil. Estava redescoberta a árvore que deu o nome ao País.

O algodão foi cultivado desde os primeiros anos da colonização, mas sem que representasse maior valor econômico até a segunda metade do século XVIII, quando passou a ser utilizado na confecção de tecidos grosseiros para vestimenta dos escravos. Com a Revolução Industrial na Europa, começou a ter grande procura e a alcançar altos preços. Em alguns anos, sua exportação superava até mesmo a do açúcar, em valores monetários:

A cana-de-açúcar, cultivada há 450 anos, tem sido o principal sustentáculo econômico do Nordeste, embora tenha sofrido, ao longo dos anos, períodos de sérias crises, em face de baixas violentas de preços no mercado internacional. O açúcar foi responsável pelo aparecimento do que ficou sendo chamada "aristocracia canavieira", um grupo de famílias que ainda hoje domina, política e economicamente, boa parte do Nordeste. Os "barões do açúcar" mantinham grande influência política durante todo o Império e sempre garantiram assento nos gabinetes ministeriais, chegando inúmeras vezes a presidi-lo.

Migração

A partir da segunda metade do século passado, a introdução da lavoura do café no Rio e em São Paulo, a chegada maciça de imigrantes europeus a esses estados, trazendo consigo ideias modernizadoras, a queda dos preços no mercado internacional do açúcar e do algodão e a valorização

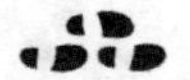

cada vez maior do café nesse mesmo mercado, provocaram a transferência do poder econômico, e consequentemente do poder político, do Nordeste para o Centro-Sul.

A partir daí o Centro-Sul passou a experimentar grande modernização, enquanto o Nordeste mantinha sua estrutura rural arcaica e sua industrialização limitava-se praticamente às grandes centrais açucareiras e às fábricas de tecidos. Esse contraste passou então a gerar um quadro cada vez maior de desigualdade econômica entre as duas regiões. As secas periódicas e a pequena oferta de empregos nos centros urbanos forçavam o êxodo e transformavam o Nordeste no grande fornecedor de mão de obra não qualificada às fazendas de café e indústrias do Centro-Sul.

Esse fornecimento de mão de obra começou com a venda de escravos. Nos últimos anos da escravatura, milhares de negros foram, em porões de navios, transferidos das plantações de cana do Nordeste para os cafezais do Centro-Sul, onde os escravos surgiram como mercadoria de muito valor. Mais tarde, já neste século, veio a fase dos "itas", quando também milhares e milhares de nordestinos embarcavam nos navios da Companhia Nacional de Navegação Costeira (todos com nomes começados pelo prefixo tupi *ita*, ou seja, *pedra*) para trabalhar nas indústrias e serviços urbanos do Rio e São Paulo.

Com a ligação rodoviária entre as duas regiões, concluída nos anos 1950, houve então a fase dos tristemente célebres paus-de-arara. Caminhões com uma cobertura de lona na carroceria, neles se adaptavam bancos de madeira sem encosto. As estradas ainda não eram pavimentadas e, em viagens que duravam às vezes até 15 dias, outros milhares de nordestinos deslocavam-se para trabalhar na construção civil em São Paulo, nos cafezais recém-abertos do norte do Paraná ou nas fazendas de Goiás e Mato Grosso.

Os últimos paus-de-arara trafegaram em meados da década de 1960, quando a Polícia Rodoviária Federal, com postos instalados ao longo de todas as estradas, passou a impedir seu tráfego. Os paus-de-arara acabaram, mas não o êxodo dos nordestinos para o eldorado que representou São Paulo para o sertanejo nordestino até o início da atual crise econômica. Ele continuou transferindo-se para o Sul, só que utilizando os ônibus fabricados pela indústria automobilística, instalada no Centro-Sul. Há um século o Nordeste vem cumprindo o papel de fornecedor de mão de obra à indústria, à agropecuária e aos serviços da região Centro-Sul.

O nordestino não tem migrado porque desgoste de sua terra. Ao contrário, o sonho de cada um é ganhar dinheiro e voltar à terra para viver em melhores condições do que as que tinha quando partiu. É obrigado a buscar emprego noutra terra, porque na sua não há. Viaja fascinado pelas notícias que lhe chegam das riquezas do Rio, de São Paulo, das fazendas do Paraná, do Mato Grosso do Sul.

Pobreza

Alguns indicadores sociais ilustram bem a terrível desigualdade existente entre nordestinos e demais brasileiros. A mortalidade infantil no Nordeste é de 107,2 por mil nascidos vivos, enquanto a média brasileira é de 68,1. Apenas 53,3% da população nordestina com mais de 15 anos de idade é alfabetizada, número bem inferior aos 74% da média brasileira. A média de vida do nordestino é de 52,6 anos, enquanto a média do brasileiro é de 60 anos.

O quadro de subdesenvolvimento que apresenta hoje o Nordeste não significa, entretanto, que seja economicamente inviável. Mesmo o semiárido pode tornar-se uma área produtora de riquezas desde que se desista de combater a seca e se passe a conviver com ela. A melhor prova da viabilidade do semiárido são os fazendeiros empreendedores e empresas privadas que transformaram o duro e seco chão das caatingas em solo fértil e economicamente produtivo. Nenhum milagre, apenas o uso racional da pouca água disponível e a adoção de lavouras e animais adequados ao clima.

Quem porventura imaginar serem os sertões nordestinos tristes desertos onde apenas os cactos conseguem sobreviver, se espantará ao deparar férteis parreirais às margens do São Francisco ou imensas e viçosas plantações de tomates nas várzeas irrigadas por água acumulada em grandes açudes. Afinal, o clima seco e a grande insolação verificados no semiárido são ideais para a agricultura. O clima seco dificulta o aparecimento de fungos e os muitos dias de sol aceleram o crescimento das plantas. Esses fatores fazem, por exemplo, as videiras produzirem mais de duas safras por ano nas fazendas das margens do São Francisco.

Para a pecuária bovina, é também o semiárido uma zona excelente, desde que se criem as raças adequadas ao clima, no caso o zebu e, mais especificamente, os das raças guzerá ou sindi, originárias de regiões tropicais semiáridas da Índia, semelhantes à do Nordeste. A pouca umidade favorece o estado sanitário dos rebanhos, aumentando sua fertilidade.

Embora possa parecer paradoxal, não representará exagero afirmar que a natureza foi generosa com o Nordeste e não madrasta, como é hábito se dizer. A região é responsável por mais de 20% do total da produção agrícola do País. Não tem problemas energéticos, e a eletricidade gerada pelas usinas instaladas nos rios São Francisco e Parnaíba – cujas potencialidades ainda não foram esgotadas – é superior ao consumo regional, exportando-se o excedente para a Região Norte.

IV

O NORDESTINO

Para entender o Nordeste é preciso saber como se deu o seu povoamento, que tipo de pessoas ali se fixou, a que atividades econômicas esses povoadores se dedicaram. É importante também conhecer como ocorreu a posse e o uso da terra, como se relacionavam senhores e escravos, patrões e empregados, capital e trabalho.

Antes da divisão do Brasil em capitanias hereditárias, nos primeiros anos após o descobrimento, o território nordestino era frequentemente visitado por aventureiros, principalmente franceses, que, em troca de bugigangas, adquiriram dos índios pau-brasil e papagaios, mercadorias de grande valor na Europa. A tinta vermelha extraída do pau-brasil – também chamado de pau-de-pernambuco – foi, numa época em que não existiam corantes artificiais, responsável pelo carmim do vestuário dos cortesãos e burgueses europeus durante três séculos. O papagaio, pela exuberância de suas cores e por ser capaz de reproduzir a voz humana, era alvo de intensa curiosidade e cobiça.

Os navegantes franceses que faziam esse comércio instalaram uma feitoria na Ilha de Itamaracá, no litoral pernambucano, para servir de apoio às suas trocas com os índios. Para combater a presença desses aventureiros em suas novas conquistas e como uma forma de garantir a posse efetiva das terras que lhe pertenciam por direito de descoberta, a coroa portuguesa decidiu enviar colonos para o Brasil e instituiu o sistema de capitanias hereditárias, processo que já se havia revelado eficiente na ilha da Madeira.

Assim, imensas extensões territoriais foram doadas a fidalgos sem terras que haviam, por algum motivo, merecido o favor real. A hereditariedade era um atrativo a mais para que pessoas ambiciosas se dispusessem a enfrentar o risco de atravessar o Atlântico e encarar o desconhecido em busca de fortuna. Havia só uma condição: esses seletos fidalgos deveriam colonizar as capitanias às próprias custas, levando consigo todo o necessário: pessoal, implementos, plantas, animais.

Prosperidade

Das 17 capitanias em que, a régua e lápis, foi dividido o imaginado território brasileiro, a de Pernambuco, que se estendia do rio São Francisco à ilha de Itamaracá, foi a que mais prosperou. Doada a Duarte Coelho, este ali desembarcou em 1535, trazendo consigo, além da família, parentes e amigos e tudo o mais para a grande aventura. Saudoso da terra-mãe, pôs na sua capitania o nome de Nova Lusitânia, elegendo a localidade de Olinda para sede do seu novo mundo. Reza a lenda que este nome se originou da frase que teria dito ao assomar o alto de uma colina e descortinar bela paisagem: "Ó, linda situação para uma cidade!".

A Nova Lusitânia cresceu rapidamente. Isto porque foi ali introduzida, em terra mais que fértil, a cultura da cana e montados engenhos para o fabrico de açúcar. Além do mais, tinha o donatário, pelas cláusulas da doação, o direito de repassar grandes extensões de terra, a que chamavam sesmarias, a quem lhe aprouvesse, desde que cristãos. Tinham ainda o donatário e os beneficiados com sesmarias, os sesmeiros, o direito de escravizar a população nativa para usá-la no cultivo da terra.

Os índios, entretanto, viviam num estádio de nomadismo e não se adaptaram à atividade sedentária que é a agricultura. Para solucionar a falta de mão de obra, foi iniciada a transferência de negros africanos escravizados para as plantações de cana. Durante mais de três séculos, o infame tráfico de escravos foi feito entre a África e o Brasil.

Invasões

Com a ajuda dos escravos negros, em Pernambuco, multiplicaram-se os canaviais e os engenhos de açúcar. E foi tanto o progresso que, no início do século XVII, era Olinda a maior e a mais rica cidade de todo o continente americano. Na Bahia ocorria igual fenômeno e sua capital rivalizava com Olinda. Essa riqueza despertou a cobiça dos mercantilistas holandeses que, aproveitando o fato de estar a Holanda em guerra com a Espanha, a cuja coroa fora anexado Portugal nos fins do século XVI, lançaram-se à conquista das ricas terras açucareiras do Brasil.

Depois de uma fracassada tentativa de se apossar da Bahia, investiram contra Olinda em 1630, conseguindo conquistá-la. Poucos meses depois, fustigados pelos pernambucanos, os invasores incendiaram e abandonaram Olinda, entrincheirando-se na ilha do Recife, que oferecia melhores condições de defesa. Uma feroz guerra de guerrilhas desencadeada pelos moradores de Pernambuco, refugiados nos engenhos, impediu que os holandeses pudessem usufruir da conquista até 1637.

Naquele ano chegou ao Recife, para assumir o governo da conquista o conde Maurício de Nassau, trazendo consigo poderoso exército. Após várias batalhas, tornaram-se os invasores senhores de todas as terras que se estendiam do rio São Francisco ao Maranhão. O que restou do exército pernambucano, acompanhado de velhos, mulheres e crianças, executou com êxito uma grande marcha a pé até a capital da Bahia, onde se refugiaram todos. Os holandeses ficaram no Nordeste por um período de 24 anos até serem expulsos pela rebeldia dos pernambucanos.

Durante esse período, os holandeses estimularam as plantações de cana e o fabrico de açúcar. Pela diferença de língua e por serem protestantes calvinistas, pouco se relacionaram os conquistadores com os habitantes da terra. Ao partirem, derrotados, deixaram, além da cidade do Recife, que tinham construído para sediar seu governo, apenas uns poucos homens que se tinham casado com pernambucanas e aqui constituído família.

A rebeldia dos pernambucanos contra os holandeses, que ficou registrada como a Restauração Pernambucana, é um dos mais belos episódios da História do Brasil. No início da ocupação, não puderam os pernambucanos contar com a ajuda da Espanha, preocupada em guerrear os holandeses na Europa. Depois, Portugal libertou-se da coroa espanhola, mas também não podia socorrer os pernambucanos, pelo menos abertamente, porque ao libertar-se da Espanha, havia assinado um acordo com a Holanda, reconhecendo as conquistas desta na África e na América. Assim, foi praticamente sozinhos, sem ajuda, que os pernambucanos expulsaram os holandeses, mantendo a unidade territorial brasileira.

Açúcar

A cana-de-açúcar, cultivada inicialmente apenas nas várzeas dos rios, logo passou a ocupar outras terras. Afinal, era um tipo de lavoura que exigia grandes extensões territoriais. Esse fato, aliado ao sistema de capitanias e sesmarias, é responsável pela grande concentração de terras em mãos de poucas famílias. Em cada sesmaria estabelecia-se um engenho para o fabrico de açúcar. Por engenho, por extensão, entendia-se toda a propriedade. Até hoje quando as usinas (grandes indústrias açucareiras) fizeram desaparecer as pequenas e primitivas fábricas de açúcar, continua-se chamando de engenho as fazendas que cultivam cana para fornecer às usinas.

Os brancos

No engenho "reinava" quase que absoluto o senhor de engenho. Era ele dono das terras, da casa-grande (sua moradia), dos canaviais, da moenda, da casa de purgar, da senzala (pequenos casebres conjugados onde moravam os escravos), da capela, dos rios e riachos, das matas, dos animais, dos escravos. E também, de certa maneira, das pessoas livres, do capelão, dos técnicos na fabricação do açúcar, seus empregados – o mestre de açúcar, o banqueiro,

Casa-grande de engenho de açúcar (Pernambuco).

o mestre-purgador, o escumador, o feitor – e dos lavradores. Estes eram pessoas de cor branca ou algumas vezes mulatos livres que alugavam terras para cultivar a cana com a obrigatoriedade de vendê-la ao engenho de propriedade do locador das terras. Esses lavradores (ou moradores, assim também chamados) cultivavam, para consumo próprio, produtos nativos como algodão, mandioca, macaxeira, feijão, milho e também outros trazidos pelos portugueses, como arroz e alguns legumes, além de árvores frutíferas nativas ou aqui introduzidas pelos colonizadores. Os senhores de engenho também mantinham culturas de subsistência para suas famílias, empregados e escravos.

Cada engenho tinha uma média de 40 a 60 escravos, uma meia dúzia de trabalhadores assalariados e alguns lavradores. Na zona rural, toda a riqueza era concentrada nas mãos dos senhores, que constituíam a aristocracia. Os poucos assalariados e os lavradores correspondiam a uma espécie de classe média baixa, mas não se sentavam à mesa do senhor de engenho. Os cronistas da época costumavam dividir a sociedade em três classes: a nobreza, o clero e as gentes. A nobreza eram os proprietários de terras; o clero eram os padres e frades; e as gentes, todo o resto: comerciantes, assalariados, funcionários públicos, artesãos, escravos etc.

Era uma sociedade bem estratificada. Não havia interpenetração nas suas camadas. Os casamentos ocorriam sempre dentro da mesma classe. Os noivos da aristocracia, dado o pequeno número de pessoas que a compunha, eram geralmente parentes, primos até de primeiro grau ou até tios e sobrinhos. Essa estratificação não impediu, entretanto, que surgisse grande número de mulatos, sempre filhos de senhores de engenho e de suas escravas ou de trabalhadores assalariados com escravas. Normalmente, os mulatos eram declarados livres e se tornavam assalariados ou lavradores.

Nas maiores cidades do litoral, principalmente no Recife e em Salvador, desenvolvia-se outra atividade próspera, às vezes até mais próspera que a produção de açúcar: a do comércio. Eram europeus, em sua grande maioria portugueses, que chegaram ao Brasil pobres e, graças à perseverança, à poupança e à grande capacidade de trabalho característica dos que emigram, conseguiam fazer fortuna na exportação do açúcar ou na importação de mercadorias não produzidas no país.

Os índios

Nos dois primeiros séculos da colonização, o índio teve importante participação na formação da sociedade do Nordeste canavieiro. Os aventureiros portugueses chegavam ao Brasil sem mulheres e, como era pequeno o número de brancas, procuravam as mulheres índias que, registram historiadores, a eles se entregavam facilmente, chegando mesmo a buscá-los com insistência. Isso propiciava o nascimento de mamelucos, isso é, mestiços de brancos com índios, que eram criados ora entre os indígenas, tornando-se um deles, ora como cristãos, sofrendo discriminação por não serem brancos.

Os primeiros colonizadores encontraram o Brasil povoado por uma raça cuja civilização estava apenas iniciando o estádio da agricultura. Eram os nativos povos nômades que não se adaptavam à escravização e ao rude e sedentário trabalho nos canaviais, e que fugiam para as matas onde dificilmente eram recapturados, dada à sua familiaridade com a natureza.

Se, porém, não se adaptavam à agricultura, prestavamse os nativos aos misteres da guerra e eram excelentes guias para a conquista dos sertões. Os portugueses logo entenderam isso e a defesa de cada engenho de açúcar contra as incursões dos piratas era feita por dezenas de índios armados quase sempre de arco e flecha e tacapes. A disposição dos nativos para a luta também foi bem aproveitada durante a guerra holandesa, tanto pelos nordestinos quanto pelos invasores batavos.

Os índios da região da Mata entraram em guerra com os portugueses logo se estabeleceram estes com seus engenhos de açúcar. Estavam acostumados com os traficantes franceses de pau-brasil e papagaios, que os tratavam bem e os presenteavam com bugigangas, enquanto os portugueses tentavam escravizá-los. Embora muitas mulheres índias com prazer se entregassem aos brancos, e índios se tornassem seus soldados, muitas tribos guerrearam até sentirem não haver outra saída senão a retirada para o interior.

Como consequência inevitável do choque de duas culturas, sobreviveu a que se encontrava em estádio superior de desenvolvimento, a branca. Assim, a cultura indígena foi absorvida pela portuguesa, deixando, entretanto, marcantes vestígios de sua dominação exclusiva e milenar. Entre os vestígios da cultura indígena estão o uso do tabaco, de drogas e remédios caseiros, a rede para dormir, e o hábito do banho diário, como registrou Gilberto Freyre.

Os negros

Foi dos negros trazidos da África – num estádiode civilização bem superior à dos índios –, para trabalhar nos canaviais, que o Nordeste açucareiro recebeu significativa influência. A religião, a culinária, a linguagem, o vestuário, a música, a cor da pele foram no Nordeste fortemente marcados pelos escravos negros.

A sociedade que se formou na região é, mais do que em qualquer outra parte do Brasil, uma sociedade mestiça. Com o predomínio, óbvio, dos brancos, senhores das terras e culturalmente bem mais desenvolvidos que negros e índios. A estratificação das camadas sociais, definidas no período colonial e consolidada no Império e República Velha, embora atenuada, predomina ainda hoje na zona canavieira. Os proprietários de terra ainda reagem, às vezes violentamente, a qualquer mudança na estrutura social.

Pecuária

Para transportar as canas do campo até os engenhos e, muitas vezes, também para mover a moenda, eram necessários muitos animais de trabalho, principalmente bois. E a demanda de gado para alimentação dos moradores dos engenhos e das populações das cidades também era grande. Esses dois fatos determinaram o povoamento do território semiárido.

Na região da Mata não havia pastos. Por isso, os animais utilizados nos serviços dos engenhos eram levados, na entressafra (quando faltava a folha de cana que comiam confinados durante a época da moagem), à beira-mar ou ao semiárido, onde cresciam pastos nativos. Para atender à demanda de gado é que vaqueiros subiram os principais rios do Nordeste, às suas margens construindo currais, em locais onde encontravam melhores condições de vida para si e seus rebanhos. Com o crescimento da demanda e da própria expansão populacional, os vaqueiros começaram a subir também os afluentes, ocupando as margens de riachos e simples ribeiros. Assim foi povoado o semiárido nordestino.

Não foi porém sem encontrar feroz resistência dos índios que os vaqueiros ocuparam o semiárido. Na Mata foi fácil aos colonizadores enfrentarem os ataques dos nativos porque se concentravam nos núcleos que eram os engenhos. A atividade pecuária não permitia senão pequenas concentrações nas sedes das fazendas e era fácil aos índios roubarem gado e mesmo investir contra as casas de moradia. Cada sesmaria somente foi definitivamente conquistada quando os índios foram subjugados ou dizimados.

Mais de dois séculos depois da chegada dos primeiros brancos ao Nordeste ainda havia guerra contra os índios no semiárido, mas foi na segunda metade do século XVII que a região se ensanguentou. Foi quando os selvícolas se confederaram e entraram em luta com os vaqueiros nos sertões do Rio Grande do Norte, Paraíba, Pernambuco, Bahia e Piauí. Passaram-se alguns anos antes que os índios fossem derrotados pelas tropas enviadas do Recife e de Salvador.

Civilização do couro

Com a descoberta do ouro em Minas Gerais e o rápido crescimento de sua população, aumentou ainda mais a procura de animais de carga e de carne para alimentação. O semiárido experimentou então sua fase de progresso. Os currais foram subindo o rio São Francisco em direção a Minas Gerais, e nos sertões nordestinos instalou-se o que Capistrano de Abreu chamou de "civilização do couro". A grande distância que separava os vaqueiros do litoral forçou-os a fabricar seus próprios utensílios domésticos e até sua roupa.

Era o couro o material mais abundante e barato e, com ele, o vaqueiro construía sua cama e mesa, a porta de sua casa, as cordas necessárias ao manuseio do gado, o assento dos bancos e cadeiras, o alforje para levar comida, as bainhas das facas, a roupa de montar nas caatingas, a mala para guardar roupa, as borrachas (espécie de saco) para conduzir água e inúmeros outros objetos. Tinham as populações da "civilização do couro" vida saudável, alimentando-se de carne, leite, queijo e do milho e feijão plantados no alto das serras ou nas várzeas dos rios.

Para chegar aos mercados consumidores, caminhava o gado centenas de quilômetros, conduzido em boiadas de 100 a 300 cabeças, que levavam às vezes até 20 dias para

Vaqueiro (Para[iba).

chegar ao ponto de venda. A "civilização do couro" desenvolveu dois processos para conservar a carne, o que evitava o longo deslocamento das boiadas e aumentava o lucro dos fazendeiros. Com a utilização do sal e do sol são obtidos, através dos dois processos, o charque (ou carne do ceará, ou ainda carne-seca) e a carne do sertão (carne de sol), esta um dos mais deliciosos pratos da cozinha nordestina.

A invenção desses dois processos foi possível graças às minas de sal-gema encontradas por todo o semiárido e às salinas marinhas existentes no litoral do Nordeste. O processo consiste basicamente em salgar a carne e expô-la ao sol. A carne de sol leva menos sal e é exposta menos tempo ao sol, sendo mais perecível que o charque, que resiste longos meses. As charqueadas do Nordeste desapareceram por conta das grandes secas do século XVIII e da concorrência das que foram implantadas no Rio Grande do Sul e em Goiás. A carne de sol, que também pode ser feita utilizando-se gado caprino, é uma atividade artesanal, não tendo sido até hoje industrializada.

Piauí e Maranhão

O Piauí e o Maranhão tiveram processos de colonização diferentes dos outros estados da região. O Piauí é o único Estado brasileiro povoado do interior para o litoral.

Seus primeiros habitantes brancos foram vaqueiros que saíram dos currais do rio São Francisco, atravessaram as serras do Piauí e dos Dois Irmãos e a chapada do Araripe e, ao descerem na outra vertente, encontraram áreas de excelentes pastos nativos. Para ali levaram seu gado. Em vez de subirem, desceram os rios, sempre encontrando excelentes campos para a pastagem dos seus rebanhos.

O povoamento do Maranhão começou pela ilha de São Luís, onde se estabeleceram franceses e, depois, colonos que se deslocaram de Pernambuco, ao serem os franceses expulsos por tropas enviadas de Olinda. As incursões ao interior do Maranhão limitaram-se, nos dois primeiros séculos da colonização, a expedições para apresar índios e levá-los como escravos a Pernambuco. Em torno da ilha de São Luís fixaram-se algumas fazendas de gado e uns poucos engenhos para fabricar aguardente e açúcar.

A partir da segunda metade do século XVIII, o Maranhão experimentou grande progresso com o cultivo do algodão, produto que a Revolução Industrial começava a consumir em larga escala. Teve o Maranhão seu período áureo no século passado, quando o dinheiro gerado pela exportação de algodão propiciava aos jovens da terra estudar nas universidades europeias. A entrada no mercado mundial do algodão egípcio e indiano forçou a queda de preços do produto e um verdadeiro declínio econômico do estado.

A riqueza que significou o algodão para o Maranhão pode ser observada ainda hoje em sua capital, São Luís, na imponência das construções da época. Hoje, o Maranhão começa a ter novas perspectivas de desenvolvimento, mas o longo período de estagnação econômica, cerca de um século, foi responsável pela conservação do casaria de São Luís, que lembra o fausto de uma época de prosperidade e riqueza refletida também numa intensa atividade cultural que legou à capital o título de Atenas Brasileira.

A fertilidade das terras e a pouca irregularidade das chuvas tornam o Maranhão um dos estados potencialmente mais ricos do Nordeste. Foi ali que os idealizadores da SUDENE sonharam instalar uma "nova fronteira agrícola", onde seriam cultivados os grãos necessários à alimentação das populações do semiárido. O Maranhão ainda é um grande produtor de arroz, mas a maior parte do seu território já está ocupada por imensos ranchos pertencentes a empresas do Centro-Sul ou multinacionais, onde o gado é criado extensivamente, sem absorver mão de obra e aumentando a concentração da renda.

V
A SECA

A seca, no território semiárido nordestino, não é exatamente a ausência de chuvas, pois todos os anos chove nas caatingas sertanejas. O que determina a seca é a irregularidade das precipitações pluviométricas. Instala-se uma seca quando, por escassez (mas às vezes também por excesso de chuvas), não há safras agrícolas. A seca é, assim, um fenômeno muito mais sócio-econômico do que meteoro lógico.

A temporada de chuvas é chamada no semiárido impropriamente de inverno, por analogia com o que ocorre na região da Mata, onde a época chuvosa corresponde aos meses de inverno no Hemisfério Sul. A rigor, não há inverno no Nordeste. Situado entre a linha do Equador e o

Trópico de Capricórnio, quase não ocorrem ali variações na temperatura durante todo o ano. As estações são melhor definidas como chuvosa e de estio. A palavra inverno, para definir a temporada das chuvas, foi levada para o sertão pelos primeiros povoadores, e ainda hoje é o termo empregado.

Quando esses primeiros povoadores chegaram com o seu gado ao semiárido, levaram também sementes de dois produtos que seriam essenciais à sua sobrevivência: o milho e o feijão. Enquanto os currais estavam instalados às margens dos grandes rios, não faltou água para que as lavouras se desenvolvessem. À proporção que os vaqueiros subiram os afluentes em busca de mais pastagens, o milho e o feijão foram plantados em terras mais secas e passaram a depender inteiramente da regularidade das chuvas.

São o milho e o feijão plantas anuais, de ciclo curto, originárias do trópico úmido, de regime de chuvas regular. Sua cultura no trópico semiárido representa uma inadequação ecológica e uma aventura econômica. Deixa de ser uma inadequação ecológica quando as lavouras são irrigadas, mas nesse caso é um desastre econômico porque os custos da irrigação são sempre superiores ao valor da produção. Assim, a seca – que, como já vimos, é principalmente um fenômeno econômico – é resultante também da incapacidade do homem de se adaptar totalmente ao semiárido.

Os animais

Nas caatingas, o gado encontrou um excelente habitat. As árvores de pequeno porte e pouca densidade deixam espaço para que o sol atinja o solo e estimule o crescimento de um pasto de grande valor nutritivo para os animais. Muitas plantas xerófilas também oferecem ao gado uma boa alimentação. Assim, os rebanhos multiplicaram-se. O gado era criado solto, não havia cercas. O trabalho do vaqueiro, como registrou o historiador Capistrano de Abreu, restringia-se a "amansar e ferrar os bezerros, curá-los das bicheiras, queimar os campos alternadamente na estação apropriada, extinguir onças, cobras e morcegos, conhecer as malhadas escolhidas pelo gado para ruminar gregariamente; abrir cacimbas e bebedouros".

Nos anos de bons *invernos*, o gado alimenta-se com o pasto nativo e com as ramas dos arbustos. O restolho das lavouras de feijão, milho e algodão – este plantado no semiárido a partir da segunda metade do século XVIII – também lhe serve de ração. Depois da colheita, os rebanhos são conduzidos para as plantações, que são cercadas exatamente para protegê-las não só do gado bovino, mas também do caprino, do ovino e do asinino, criados pelos sertanejos. Nesse sistema de criação extensiva são necessários, em média, 16 hectares para a criação de cada rês bovina, o que explica o grande tamanho das fazendas sertanejas.

O gado caprino também é criado extensivamente. Devido à sua grande rusticidade, a cabra, trazida da península Ibérica pelos colonizadores, encontrou no semiárido nordestino excelentes condições de adaptação. Descobrindo alimentação nas caatingas mais agrestes e praticamente sem beber água, a cabra é capaz de resistir aos longos períodos de estiagem, sendo sem dúvida o animal mais útil ao homem sertanejo pelo seu leite e sua carne saborosos.

O jumento, também trazido pelos colonizadores ibéricos, foi, porém, o animal que melhor se adaptou às caatingas. Ainda mais resistente que a cabra às asperezas do clima e da vegetação, capaz de caminhar dias e dias sem beber e de alimentar-se de praticamente qualquer espécie vegetal, teve importância decisiva no povoamento do semiárido nordestino. Antes das rodovias e dos caminhões, todo o transporte de carga era feito no lombo desse animal.

Tropas de dezenas, às vezes centenas, de jumentos podiam ser encontradas ao longo das estradas sertanejas tangidas pelos almocreves, conduzindo de uma cidade para outra mercadorias vindas de lugares distantes, até mesmo da Europa. Também como animal de montaria, o jumento foi muito usado, por sua resistência à sede. Por causa da lenda de que carregou o Menino Jesus na fuga para o

Egito, o jumento ainda hoje é considerado animal sagrado pelos místicos do sertão, embora pouca serventia ainda tenha, a não ser para os frigoríficos que hoje exportam sua carne para a Europa e o Japão, apesar da revolta dos sertanejos.

O carneiro foi outro animal que se adaptou às condições de solo, clima e vegetação do território tropical semiárido. Criado solto, não tem com ele o homem nenhum trabalho, além de marcá-lo para definir sua propriedade. Sua carne é largamente consumida. Sua adaptação ao semiárido foi tão perfeita que hoje a ovelha nordestina pouco lembra as primeiras que chegaram ao Sertão e as conhecidas nas regiões temperadas. Para adequar-se ao calor, perdeu a lã, e é essa ovelha deslanada do Nordeste que está sendo atualmente levada para o Centro-Sul, onde sua criação, visando à produção de carne, está em grande desenvolvimento.

Economia

Nos sertões nordestinos vive-se ainda quase que num regime pré-monetário. A economia é baseada praticamente num sistema de trocas. O sertanejo tem no plantio do milho, feijão e algodão sua quase única atividade econômica, além da pecuária. Nos anos de boas colheitas, o agricultor guarda em seus paióis parte do feijão e do milho para consumo doméstico e leva o restante da produção para a feira da cidade mais próxima. Com o dinheiro da venda, adquire na própria feira todos os demais produtos e objetos de que necessita. De volta à casa, traz consigo pouco ou nenhum dinheiro. Também o algodão é negociado da mesma maneira. A única poupança é representada pelo milho e pelo feijão, que armazena em seus paios.

As chuvas

A temporada de chuvas nos sertões começa, com pequenas antecipações ou atrasos, em dezembro ou janeiro, e se estende por três, quatro, cinco meses, no máximo. E nesse curto espaço de tempo que ocorre a germinação e o crescimento do milho e do feijão, até a época da colheita. O algodão é colhido um pouco mais tarde, já cessadas as chuvas. Para que o ciclo, da semeadura à colheita, se complete satisfatoriamente são necessárias chuvas no tempo e em quantidade exatos.

Em apenas quatro de cada dez anos ocorre um bom *inverno* no semiárido nordestino, isto é, as chuvas são regulares e capazes de garantir a colheita de 100% do que foi plantado. Em outros três anos, a irregularidade das precipitações provoca a frustração de cerca de metade do plantio. Nos outros três anos, o excesso ou a falta – mas quase sempre a falta – de chuvas implica uma quebra de safra que varia de 80 a 100%.

Mesmo nos anos de bons *invernos*, as chuvas cessam geralmente em abril ou maio, e nos restantes meses do ano não cai uma só gota d'água. Os rios e riachos secam, a água acumulada nos açudes e barreiros começa a diminuir de volume pelo consumo e, principalmente, pelos elevados índices de evaporação determinados pela alta insolação e pelo vento que sopra, constante e quente. O pasto nascido entre a caatinga resseca e desaparece, ficando o solo desnudo. Quase todas as árvores e arbustos perdem suas folhas. A impressão é a de um deserto. Esse quadro se repete anualmente e pode ser observado nos últimos meses de cada ano.

As primeiras chuvas da temporada são sempre tempestuosas. Chegam acompanhadas de relâmpagos, raios e trovões que reboam nas encostas nuas das serras. Verdadeiras enxurradas. Três dias depois, a natureza rebenta num fenômeno somente comparável à primavera europeia: a paisagem, antes cinza, torna-se verde de repente. O solo cobre-se de um tapete de plantas. Dos galhos secos das árvores e arbustos brotam folhas, como que parecendo um milagre. Milhares de pássaros, vindos não se sabe de onde, enchem os ares.

As lavouras

É depois das primeiras chuvas que se faz a semeadura do milho, do feijão e do algodão. Segue-se o delicado período de germinação, quando as chuvas devem cair na quantidade e dias exatos para as plantações vingarem. Há ocasiões em que, após o plantio, sobrevêm novas chuvas torrenciais fazendo apodrecer, por excesso de umidade, as sementes lançadas ao solo. Em alguns anos, sucessivas semeaduras são feitas e perdidas. Nesses anos, não haverá colheita, embora os reservatórios d'água estejam cheios e a paisagem seja totalmente verde. É a chamada *seca verde.*

A seca mais comum, no entanto, é a provocada pelas poucas chuvas caídas após o plantio. Aí a forte insolação cresta as tenras plantas recém-germinadas. Se voltar a chover, novamente o agricultor funda lavouras que, mais uma vez, são mortas pelo sol. A essa altura, o sertanejo já não tem mais crédito para adquirir novas sementes e já consumiu todo o milho e feijão armazenados nos paióis desde a colheita passada. Está deflagrada a seca.

O capricho da natureza ao distribuir as chuvas no semiárido provoca o aparecimento das secas parciais, ou seja, numa determinada área do sertão, enquanto, noutras, chuvas regulares asseguram a colheita. E como se a natureza resolvesse punir uma determinada área fazendo as nuvens de chuva passarem por cima dela sem se precipitarem ou juntando-as todas e fazendo-as desabar sobre o mesmo local, com todo o seu potencial de destruição. Isso aconteceu, por exemplo, no sul do Piauí em 1981, causando grandes enchentes sem fazer desaparecer a seca que se havia instalado dois anos antes.

Polígono das secas

As secas manifestam-se com maior intensidade nas regiões do Agreste e do Sertão, ou seja, no semiárido. Essas duas regiões naturais juntas, formam um polígono. Daí a expressão, muito usada, Polígono das Secas, para definir a área nordestina sujeita às estiagens. Nos grandes ciclos secos, entretanto, municípios situados nas regiões da Mata e do Meio-Norte também são castigados pela estiagem. Até alguns anos atrás, só existia seca oficialmente na área do Polígono.

O Polígono foi criado por burocratas que, sobre o mapa do Nordeste, traçaram linhas imaginárias determinando que fora dos riscos feitos por eles não haveria seca. Assim, muitos fazendeiros chegaram a sofrer perda total dos seus rebanhos e lavouras pela falta de chuva, sem que fossem socorridos pelo governo, porque não estavam na área das secas. Da mesma forma, milhares de trabalhadores tiveram de se deslocar centenas de quilômetros para empregar-se em frentes de trabalho de emergência, porque os municípios onde moravam, estavam excluídos do Polígono e, por decreto, ali não poderia haver seca. Hoje, a evidência dos fatos já modificou esse absurdo. O estado de seca é determinado pela SUDENE após a observação no local feita por técnicos do órgão.

Grandes secas

As grandes secas ocorrem quando se sucedem alguns anos de chuvas irregulares. A primeira grande seca historicamente documentada foi a ocorrida no período de 1721 a 1727. O historiador Tomás Pompeu de Sousa Brasil registrou que "1722 foi o ano de grande seca, em que não só morreram numerosas tribos indígenas, como o gado e até as feras e as aves se encontravam mortas por toda a parte".

A grande seca de 1877 foi precedida por um ano de enchentes arrasadoras, o de 1875, e por outro, o de 1876, de poucas chuvas. Em 1877 a seca chegou ao seu auge. Poucas e localizadas chuvas e nenhuma safra forçaram a um grande êxodo. As chuvas foram um pouco melhor distribuídas em 1878 e em 1879, mas o ciclo somente se encerrou em 1880, quando houve um bom *inverno*, crescendo pasto bastante para os rebanhos sobreviventes e sendo colhidas boas safras de feijão e milho.

A seca.

A grande seca de 1932 começou realmente em 1926, quando as chuvas foram irregulares, irregularidade que se acentuou a cada ano seguinte. Em 1932, caíram chuvas finas em janeiro, mas cessaram totalmente em março. Até o início do atual ciclo seco, foi a seca de 1932 a maior até então registrada em termos territoriais. Atingiu uma população de cerca de três milhões de pessoas, habitantes de uma área de 650 mil quilômetros quadrados.

A estiagem de 1958 também foi uma grande seca, o que indica a ocorrência de um ciclo de anos secos a cada 26 anos, aproximadamente. Essa periodicidade é que leva os sertanejos a afirmarem que cada homem tem de enfrentar uma grande seca em sua vida. Esse longo período sem grandes problemas gera no sertanejo o esquecimento de como enfrentar uma grande seca. Ele não tem o hábito de poupar senão para poucos meses, de uma safra para outra. Não tem o costume de preparar silos ou fenar capim para seu rebanho. Quando se instala uma grande seca, está inteiramente despreparado para enfrentar seus efeitos.

Histórico

O Nordeste conhece a seca desde os primeiros anos da colonização. Quando vinha a estiagem, as tribos nativas do semiárido desciam ao litoral, entrando em guerra com os

que ali habitavam pela posse das matas de cajueiros, que lhes ofereciam, além de caju, a castanha – um dos poucos alimentos que podiam armazenar por meses, anos até.

O primeiro registro histórico das secas é do cronista Fernão Cardim, que, numa viagem por terra da Bahia a Pernambuco, em 1587, encontrou "uma grande seca e esterilidade na província (Pernambuco) e que desceram do Sertão, apertados pela fome, socorrendo-se aos brancos, quatro ou cinco mil índios". Também há referências a secas nos anos de 1603, 1606, 1614, 1645, 1652 e 1692.

A partir do século XVIII, quando se intensificou o povoamento do semiárido, a documentação sobre as secas tornou-se maior e mais detalhada. Sabe-se que foram secos os anos de 1707, 1710/11 e que o período de 1721/27 foi um dos mais secos de toda a história. Também há registros de secas em 1730, 1736/37, 1744/47, 1751, 1754, 1760, 1766, 1771/72, 1777/78, 1783/84 e outra, grande, em 1791/92. Desta, sabe-se, "os rios e as fontes secaram, pereceram à fome e à sede os animais domésticos e as feras silvestres, além de muitas pessoas". Essa seca atingiu todo o Nordeste, desde a Bahia até ao Maranhão.

Do século XIX é ainda maior a documentação existente sobre as secas. Foram registradas estiagens em 1804, 1808/09, 1814, 1824/25, 1829, 1830, 1833, 1844/45, 1870, 1876/77/78,1888/89 e 1898. O ciclo seco que se

prolongou de 1876 até 1880, quando as chuvas voltaram a cair com regularidade, ficou conhecido como a Grande Seca de 77 e, até hoje, no Nordeste, é tristemente lembrado. Foi a seca que maiores estragos causou até hoje. Calcula-se que, por causa dela, morreram cerca de 500 mil pessoas, a metade da população do semiárido, na época. Estima-se que 150 mil morreram de inanição; 100 mil de febres, principalmente tifóide; 80 mil de varíola e 180 mil de fome, alimentação venenosa e sede.

Neste século foram registradas secas em 1900, 1903, 1915, 1919, 1932, 1942, 1951/53, 1958, 1966, 1970,1976 e a chamada Seca do Século, que perdurou de 1979 a 1984.

Não é de hoje. Desde o século passado alguns naturalistas haviam observado uma certa periodicidade nas secas nordestinas. Observa-se, como anotou Euclides da Cunha, "uma cadência raro perturbada na marcha do flagelo, intercortado de intervalos pouco dispares entre 9 e 12 anos". Foi o Barão da Capanema quem primeiro relacionou, em meados do século passado, as secas às manchas solares que surgem com a regularidade de onze anos.

A associação das secas às manchas solares continua sendo investigada até hoje pelos meteorologistas, que ainda não sabem explicar a origem do fenômeno. E hoje, no Centro Tecnológico Aeroespacial, o CTA de São José dos Campos, em São Paulo, onde se desenvolvem os mais sérios estudos sobre as secas do Nordeste. Foi ali, em 1978, que dois pesquisadores – Carlos Girardi e Luís Teixeira – previram o atual ciclo seco, iniciado em 1979.

Girardi e Teixeira basearam seus estudos nos dados de pluviosidade existentes em Fortaleza desde 1849 e nos outros seis postos pluviométricos instalados em 1912 nas cidades cearenses do Crato, de Quixeramobim, Iguatu e Limoeiro do Norte; Currais Novos, no Rio Grande do Norte; e Ouricuri, em Pernambuco. O gráfico montado com tais dados, permitiu a adaptação de duas curvas senóides, com período de 26 anos uma e de 13 anos a outra. A superposição dessas chuvas no alto da escala correspondia a anos de elevada precipitação pluviométrica e o encontro em baixo a longos ciclos secos historicamente registrados.

Os estudos do CTA mostravam que em 1979 teria início uma grande seca, e um relatório rotulado de "confidencial" foi remetido ao governo federal, alertando que o "Polígono das Secas, situado na Região Nordeste, tem grandes probabilidades de sofrer acentuado período de seca nos próximos anos". A previsão de que o Nordeste atravessaria um longo ciclo seco de sete anos era matemática, não meteorológica, e foi contestada por alguns técnicos que chegaram mesmo a utilizar a ironia para duvidar da veracidade dos estudos. O fato é que, neste 1983, há cinco anos a previsão vem-se confirmando. Também as autoridades governamentais não deram crédito às pesquisas do CTA e foram colhidas de surpresa, mais de uma vez, quando a seca se instalou no semiárido nordestino, em 1979.

VI
O HOMEM NA SECA

Quando consome os derradeiros grãos de milho e feijão que havia armazenado da última safra e percebe que não haverá colheita, o sertanejo sem terra – e mesmo o pequeno arrendatário ou proprietário de uns poucos hectares – sai de casa em busca de alimentação. Tem só duas opções: emigrar para outra região onde exista trabalho, ou alistar-se nas frentes de trabalho de emergência que o governo sempre instala quando ocorre uma seca.

A demora na abertura de uma frente ou o alistamento de um número de pessoas menor do que o de necessitados provoca as "invasões" e, mais raramente, os saques. Uma "invasão" acontece quando, desesperados pela fome, grupos de trabalhadores abandonam o campo e dirigem-se às cidades em busca de comida. Não têm mais crédito nas bodegas e a única solução é pedir o que comer. Agrupam-se homens, mulheres e crianças, em frente à prefeitura ou à casa do prefeito, e aguardam pacientemente que alguma coisa aconteça.

A presença de centenas (às vezes milhares) de famintos gera um clima de tensão. Os habitantes das cidades recolhem-se, temerosos, o comércio cerra as portas. Que fazer, senão distribuir alimentos? Isso é feito pelo prefeito, depois de recolher doações entre os comerciantes e as pessoas mais abastadas do lugar. Se não for feito isto, a fome torna-se mais forte que a razão. E vem o saque. O assalto geralmente começa pelos depósitos de alimentos do governo, mas, quando esses não existem, estende-se às mercearias e às barracas da feira semanal.

As frentes de trabalho de emergência, chamadas simplesmente de emergência pelos sertanejos, vêm sendo adotadas desde o século passado, como uma forma de evitar que os flagelados morram de fome ou emigrem para as cidades grandes. A pretexto de construir-se uma obra pública qualquer de engenharia, homens, mulheres e, às vezes, até crianças, são empregados com um salário apenas suficiente para que sobrevivam, embora desnutridos. Até 1979, a ideia inspiradora dessas frentes de trabalho

não era a de que uma obra fosse efetivamente construída, mas apenas de que as pessoas trabalhassem, para não parecer estivessem recebendo uma esmola do governo.

Dentro desse conceito, milhares de quilômetros de estradas foram construídos sem a necessária técnica e foram arrastados pelas primeiras enxurradas. Pouco importava a obra, importante era dar ocupação aos flagelados. A partir de 1979, houve uma mudança na política de socorro às vítimas das secas. Em vez de se construírem obras para serventia da comunidade, o programa passaria a dar prioridade ao fortalecimento da infraestrutura das propriedades rurais.

Com essa mudança de diretriz, os fazendeiros do semiárido passaram a obter empréstimos a longo prazo, corri a obrigatoriedade de aplicarem um mínimo de 50% do financiamento com mão de obra. Em defesa da mudança, alegava o governo federal que, no método antigo, eram gastas vultosas quantias sem qualquer benefício para a região e seus habitantes, uma vez que as obras não tinham utilidade. Com a nova política, as fazendas se tornariam mais produtivas, beneficiadas com a construção de pequenos e médios açudes, cacimbões, poços tubulares, cercas etc. O novo método de assistência imaginava fortalecer economicamente as propriedades rurais e, como consequência, a economia da região.

Em 1981, no terceiro ano do atual ciclo seco, o programa de assistência foi novamente modificado. Já não tinham mais os fazendeiros condições de empregar mão de obra, e o plano tornou-se obsoleto. Com a nova mudança, os trabalhadores das frentes de emergência passaram a construir apenas obras hídricas – açudes, cacimbões, poços, cisternas, chafarizes – quase sempre em terras pertencentes a particulares, embora estes se comprometessem a permitir o uso público da água acumulada nas obras realizadas em suas propriedades.

Esse método vem sofrendo críticas severas, porque representa nada mais do que o poder público ajudando diretamente os mais ricos, contribuindo para uma ainda maior concentração de rendas. As críticas são rebatidas com o argumento de que o combate aos efeitos das secas tem de ser feito com a acumulação de água e que, para isso, é necessária a construção de obras principalmente ao longo dos rios e riachos. E como essas terras têm proprietários, torna-se impossível construí-las em terras públicas.

Antecedentes

A primeira preocupação governamental com uma seca registrada pela história é uma Carta Régia de Dom João IV, durante o ciclo seco de 1721/27, quando houve grande escassez de farinha de mandioca, um dos produtos básicos da alimentação do nordestino. O decreto do rei de Portugal determinava a obrigatoriedade de todos os senhores de engenho de açúcar plantarem mandioca em suas terras, e punia com multas as pessoas que se recusassem a trabalhar na produção de farinha.

Ainda no Brasil Colônia destaca-se outra importante medida da Coroa Portuguesa. Foi na grande seca de 1776. As famílias flageladas foram reunidas em povoações de 50 casas às margens dos grandes rios, e as terras adjacentes lhes foram distribuídas. Cidades hoje importantes – como Sobral e Russas, no Ceará – surgiram dessa providência da Corte. Foi a primeira e única vez em que flagelados da seca receberam terras para se defenderem das consequências do flagelo.

No Império, além da medida curiosa de se importarem camelos para enfrentar a seca, foi adotada outra providência, cujos efeitos negativos ainda hoje se refletem sobre o Nordeste. Foi o envio, pelo imperador Dom Pedro II, ao Ceará, de uma comissão de estudos, durante a grande seca de 1877. Essa comissão era composta exclusivamente por engenheiros que, por deformação profissional, imaginaram acabar com a seca com o auxílio de obras de engenharia. Foi o início da política de *combate às secas* que ainda hoje perdura no Brasil, até mesmo no nome do principal órgão que atua no semiárido: Departamento Nacional de Obras Contra as Secas, o famoso DNOCS.

Quando se fala em seca, a primeira ideia que ocorre é oferecer água. Foi a partir desse conceito simplista que se desenvolveu toda a ação do governo nos sertões nordestinos até os dias de hoje. É a chamada *solução hidráulica*, que consiste basicamente na construção de açudes. Aos engenheiros que até hoje têm definido as políticas para o semiárido nunca ocorreu a ideia da convivência com a seca através do cultivo de plantas e da criação de animais adaptados ao clima.

Fracasso

O conceito de que obras de engenharia seriam a solução para os problemas do Nordeste seco foi superado pelos próprios acontecimentos. Hoje, o semiárido nordestino tem milhares de açudes, e a fome, a sede, a miséria, enfim, o flagelo, são os mesmos das secas do período colonial. E o mais grave é que nada mudou nas diretrizes governamentais. Continua-se tentando *acabar com a seca* apenas com a construção de obras hídricas.

Uma ideia que não é nova, mas que nos últimos tempos conquista mais defensores, é a de que o semiárido é perfeitamente viável para a presença do homem, até mesmo em termos econômicos, desde que se desista de combater a seca e se resolva conviver com ela. A existência de inúmeros empreendimentos agrícolas e pecuários que transformaram o chão duro das caatingas em solo fértil e economicamente produtivo é o principal argumento dos que lutam por essa ideia.

Somente depois de conceituada a seca nordestina como falta de alimentos em decorrência da frustração das safras agrícolas, provoca da pela irregularidade das chuvas, é que alguns estudiosos dos problemas da região passaram a pensar na convivência com a realidade do clima. Como ainda hoje é impossível pensar em modificar o clima, a solução tem de partir da idéia básica de que não se pode cultivar no semiárido plantas que dependam de chuvas regulares ou que não consigam resistir a uma prolongada estiagem.

Dentro desse princípio, somente plantas xerófilas ou capins geneticamente preparados para germinar e desenvolver-se com baixas precipitações pluviométricas poderão ser cultivados nas caatingas, com exceção daquelas áreas às margens dos grandes rios ou onde haja grande depósito de água subterrânea. Em algumas dessas áreas onde a água é farta, como nas ribeiras do São Francisco ou na chapada do Apodi (Rio Grande do Norte), já existem empreendimentos agrícolas de grande sucesso econômico, onde se plantam hortaliças e fruteiras.

Como obter água

O território seco do nordeste não é o que se possa chamar uma região árida, um deserto. A precipitação pluviométrica anual média é de 700 milímetros, superior à de algumas regiões da Europa. Do ponto de vista climático, o território seco do Nordeste é considerado tropical semiárido. Dois terços desse território é formado por rochas do tipo cristalino, impermeáveis, que impedem a infiltração de água além de uma pequena faixa que varia entre 10 centímetros a um metro. O outro terço é constituído por formação sedimentar, com solo profundo.

Na área de subsolo de rocha do tipo cristalino, a água infiltra-se apenas onde encontra fraturas ou fendas nas rochas e vai depositar-se em bolsões de 60 metros de profundidade média. Quando não encontra fendas no cristalino, corre à superfície e, rapidamente, escoa para o mar ou evapora-se pela ação do sol. Na área sedimentar, a água penetra profundamente no solo. Hoje, já se sabe exatamente onde estão essas áreas sedimentares: metade delas está no Piauí, enquanto a metade restante distribui-se em pequenos bolsões pelos demais estados.

Para viver no semiárido – onde todos os anos a quase totalidade dos rios seca durante vários meses – o homem vai buscar água cavando a terra ou armazenando as chuvas em tanques ou açudes. São muitos os métodos empregados:

Cacimba: processo já utilizado pelos índios. É um buraco cavado no leito seco de um rio ou riacho, para aproveitar a água dos lençóis freáticos. A água sempre fica retida pelas terras de aluvião existentes abaixo dos leitos das correntes d'água. Nos anos da seca, essas cacimbas sempre secam.

Cacimbão ou poço amazonas: Cacimba de grande dimensão, profunda, revestida de alvenaria, cavada nas várzeas ou mesmo no leito seco dos rios. A água é trazida à superfície por meio de latas amarradas a uma corda e acionadas por uma roldana ou moto bombas movidas a energia elétrica ou a óleo diesel. E o mais barato dos equipamentos, com a vantagem de nunca secar.

Caldeirão: Depósito natural ou escavado na rocha que aflora à superfície. O caldeirão acumula água das chuvas e geralmente seca todos os anos.

Barreiro: Fosso cavado em terreno argiloso para armazenar água da chuva. Para compactar seu piso são utilizadas máquinas ou, à sua falta, coloca-se dentro dele uma boa quantidade de ovelhas que, pisoteando o chão durante vários dias, torna-o mais impermeável. Também costuma secar todos os anos.

Cisterna: Tanque de alvenaria cavado no solo, para onde é canalizada, através de calhas, a água da chuva recolhida pelo telhado da casa. A quantidade assim obtida por uma casa de tamanho médio é suficiente para o uso doméstico de uma família durante todo um ciclo seco, com a vantagem de ter boa qualidade.

Emplúvio: Sistema de calhas disposto numa encosta, canalizando as águas de chuvas para uma cisterna.

Poço: A perfuração de poços é a única maneira de obter-se água em boa quantidade nas terras distantes dos rios. Na área do cristalino, o poço é cavado por perfuratrizes nas fraturas da rocha, localizadas pelos geólogos. A perfuração de um poço nessas condições é sempre um risco, pois na metade das vezes a água vem imprestável para o consumo humano, pelo alto teor de salinização. Outros 25% dos poços abertos servem apenas para dar de beber ao gado. E os restantes 25% são imprestáveis para qualquer uso, até mesmo para a criação de peixes. Um poço no cristalino tem uma profundidade média de 60 metros: Nas formações sedimentares, o lençol d'água situa-se sempre além dos 100 metros, podendo chegar até aos 900 metros. Um bom poço nesse tipo de subsolo produz até 50 mil litros d'água por hora, mas a média é de 10 mil litros/hora.

Açude: O açude pode ser grande, médio ou pequeno. E uma barragem de concreto ou areia (ou das duas coisas), no leito de um curso d'água, formando um lago a montante. Os pequenos açudes secam todos os anos durante

alguns meses do período seco. Os médios e grandes somente secam nos grandes ciclos secos. Algumas barragens são construídas de areia e sem nenhuma compactação, de forma que resistam às cheias apenas durante algumas horas ou dias, o suficiente para que as águas se espraiem pela várzea, fertilizando a terra.

Barragem subterrânea: Como o nome indica, é uma barragem construída no leito de um curso d'água, mas abaixo da superfície. Sua finalidade é deter o escoamento do lençol de água subterrâneo de pequena profundidade que se forma sempre abaixo do curso dos rios, mantendo úmidas as terras a montante da barragem, sem inutilizá-las para o cultivo agrícola, cobrindo-as de água.

Barragem-castor: É o simples empilhamento de pedras, interrompendo apenas parcialmente um curso d'água. As pedras, sem estarem cimentadas entre si, deixam passar a água, mas detêm folhagens e outras matérias orgânicas e também forçam a água a se infiltrar no solo. É chamada barragem-castor por se assemelhar às barragens construídas por esse animal.

VII
A SUDENE

Desde 1960 o Nordeste está intimamente ligado à SUDENE – Superintendência de Desenvolvimento do Nordeste, o órgão criado em dezembro de 1959 para gerir o desenvolvimento da região. Foi, sem qualquer dúvida, a criação da SUDENE o passo mais importante já dado para resolver o problema sócio-econômico do Nordeste. A SUDENE nasceu do clamor nacional provocado pelas cenas dos famintos da seca de 1958 e pela pressão conjunta de seis governadores nordestinos de oposição ao governo federal.

Como a SUDENE, todos os fatos importantes para o Nordeste aconteceram durante ou em seguida a um grande ciclo seco. O Departamento Nacional de Obras Contra as Secas – DNOCS surgiu no bojo da estiagem dos primeiros anos do século. Do ciclo seco de 1932 ganhou a região um dispositivo na Constituição de 1934 destinando 4% dos recursos orçamentários da União ao combate às secas, percentagem essa reduzida para 3% na Constituição de 1946 e suprimida nas Constituições de após 1964. Resultante da seca de 1942 foi a Comissão de Desenvolvimento do Vale do São Francisco – CODEVASF. O Banco do Nordeste foi criado pela pressão exercida no Nordeste durante a estiagem do início dos anos 1950.

Cada uma dessas medidas representou, em maior ou menor escala, um esforço para tirar a região do seu constrangedor atraso. Assim, quase que se pode afirmar que é preciso a ocorrência de um ciclo seco para o Nordeste dar um passo à frente no caminho do desenvolvimento. A SUDENE foi um grande passo e, hoje, apesar de podada em seus recursos, mutilada em seus objetivos iniciais, despojada de grande parte do seu poder de decisão, ainda poderá vir a ser o instrumento institucional através do qual o Nordeste realizará as reformas estruturais de que necessita em sua economia.

A SUDENE começou a nascer com o relatório do Grupo de Trabalho para o Desenvolvimento do Nordeste – GTDN, criado em 1957 pelo presidente Juscelino Kubitschek.

O Relatório do GTDN, que é hoje um documento histórico para o Nordeste, apresentou três conclusões básicas: a) a região não estava acompanhando o desenvolvimento da economia nacional, razão pela qual aumentava dia a dia um desequilíbrio inter-regional; b) os investimentos do governo federal no Nordeste não tinham correspondência no ritmo de crescimento; e c) o governo deveria reexaminar os seus investimentos, subordiná-los às diretrizes de um programa de desenvolvimento e reestruturar o aparelho administrativo, a fim de capacitá-lo para execução de uma política desenvolvimentista.

Chance perdida

A partir desse diagnóstico, o GTDN apresentou, em julho de 1959, seu relatório final com a indicação de um plano mínimo de ação que teria modificado o Nordeste caso tivesse sido executado. O plano estava consubstanciado em quatro pontos básicos: a) intensificação dos investimentos industriais, visando criar no Nordeste um centro autônomo de expansão manufatureira; b) transformação da economia agrícola da faixa úmida, com vistas a proporcionar uma oferta adequada de alimentos nos centros urbanos, cuja industrialização deveria ser intensificada; c) transformação progressiva da economia da zona semiárida, no sentido de elevar sua produtividade e torná-la mais resistente ao impacto das secas; d) deslocamento da fronteira agrícola do Nordeste, visando incorporar à economia da região as terras úmidas do *hinterland* maranhense, que estão em condições de receber os excedentes populacionais criados pela reorganização da economia da faixa semiárida.

O relatório do GTDN assinalava que "a experiência histórica indica que as desigualdades regionais de nível de vida, quando assumem características de sistemas econômicos isolados, tendem a se institucionalizar" e que, "a persistirem as tendências atuais, há o risco real de que se diferenciem cada vez mais os dois sistemas econômicos já existentes no território nacional e de que surjam áreas de antagonismos nas relações entre os mesmos". Era uma advertência de que a manutenção das desigualdades entre o Nordeste atrasado e o Centro-Sul desenvolvido representava uma ameaça à própria unidade nacional.

Foi o relatório do GTDN o ponto de partida para a criação da SUDENE, por Lei do Congresso oriunda de mensagem do Executivo. A autarquia, subordinada diretamente ao Presidente da República, teria jurisdição sobre os nove estados nordestinos e mais o Território de Fernando de Noronha e a parte de Minas Gerais incluída no Polígono das Secas. O novo órgão teria como fontes de recursos dotações orçamentárias nunca inferiores a 2% da receita tributária da União, estabelecida pela Constituição como fundo de auxílio ao Nordeste na luta contra as secas. A sede da SUDENE seria na cidade do Recife.

Ainda segundo a Lei, à SUDENE competiria: a) estudar e propor diretrizes para o desenvolvimento do Nordeste; b) supervisionar, coordenar e controlar a elaboração e execução de projetos a cargo de órgãos federais na região e que se relacionem especificamente com o seu desenvolvimento; c) executar, diretamente ou mediante convênio, acordo ou contrato, os projetos relativos ao desenvolvimento do Nordeste que lhe foram atribuídos nos termos da legislação em vigor; e d) coordenar programas de assistência técnica, nacional ou estrangeira, ao Nordeste.

Limitações

Paradoxalmente, a própria lei que criou a SUDENE não lhe deu a competência legal para atuar num dos pontos básicos indicados pelo relatório do GTDN: a transformação da economia agrícola da faixa úmida – ou seja, a Zona da Mata ocupada em grande parte pela monocultura da cana-de-açúcar –, com vistas a aumentar a oferta de alimentos na região. A intenção era liberar terras na Zona da Mata para o plantio de milho e feijão e assegurar, desse modo, a demanda desses grãos nas áreas urbanas industrializadas e no território semiárido. Para isso seria preciso fazer alterações na estrutura fundiária da área, caracterizada pelos latifúndios.

Apesar dessa limitação, lançou-se a SUDENE ao seu trabalho pioneiro de tentar modificar a estrutura econômica da região, para modernizá-la e colocá-la nos trilhos do desenvolvimento. Atendendo a solicitações do Brasil, missões técnicas alemãs, francesas e israelenses instalaram-se no Nordeste e, atuando juntamente com os então ainda inexperientes técnicos brasileiros, levantaram seus recursos minerais, hídricos, pesqueiros e florestais. A região começava a ser conhecida em suas potencialidades econômicas. Os primeiros passos para o desenvolvimento começavam a ser dados.

A lei que criou a SUDENE determinou que sua ação seria regida por Planos Diretores trienais votados pelo Congresso Nacional. Todos os órgãos federais com atuação no Nordeste – exceto os que comandavam as políticas do açúcar e do cacau teriam de submeter os seus planos à nova entidade. A legislação permitiu também à SUDENE a adoção de uma política salarial capaz de atrair os melhores cérebros do Nordeste. Foi dentro desse quadro e contando com uma estrutura administrativa de grande flexibilidade que a SUDENE iniciou seu trabalho, sob o comando do economista Celso Furtado.

A criação da SUDENE marcou uma época no Nordeste. Uma mentabilidade desenvolvimentista instalou-se na região, com reflexos principalmente entre os jovens. Os cursos de Economia, antes desprezados, encheram-se de alunos. Criaram-se escolas de Geologia e instalaram-se cadeiras de Engenharia de Minas. Os governos estaduais também não ficaram à margem dos acontecimentos. Implantaram-se as Secretarias de Coordenação Geral, depois transformadas em Secretarias de Planejamento. O desenvolvimento econômico tornou-se uma obsessão para os nordestinos.

Pré-Amazônia

Foi dentro desse clima que a SUDENE partiu para a "expansão das fronteiras agrícolas", ou seja, a colonização da pré-Amazônia maranhense, uma área até então coberta de matas e que oferecia boas condições para o plantio de cereais. Antes, porém, que fosse possível a organização racional da colonização, dezenas de milhares de lavradores sem terra, atraídos pelas notícias da distribuição de glebas, abandonaram o território semiárido em que viviam e chegaram às margens dos rios Turi e Pindaré, onde estavam sendo instalados os núcleos de colonização da SUDENE. O povoamento da região se fez, então, espontaneamente.

No que se refere à industrialização, o êxito da SUDENE também foi pequeno, principalmente devido ao desvio dos recursos inicialmente destinados à industrialização do Nordeste para outras regiões do País. Esses recursos originavam-se de um engenhoso dispositivo instituído pelo artigo 34 da Lei n9 3.995, de dezembro de 1961, que aprovou o I Plano Diretor da SUDENE, e inspirado em mecanismo legal semelhante ao adotado pela Itália para estimular o crescimento de sua atrasada região sulista.

O artigo 34 instituiu um incentivo inovador e de grande repercussão. Facultava às pessoas jurídicas e de capital 100% nacional efetuarem a aplicação de até 50% do Imposto de Renda devido, em investimentos industriais considerados, pela SUDENE, de interesse para o desenvolvimento do Nordeste.

O artigo 18 da Lei nº 4.239, de junho de 1963, que aprovou o II Plano Diretor do Nordeste, estendia os benefícios daquele incentivo às empresas de capital estrangeiro e permitia sua aplicação não apenas em indústrias, mas também em projetos agrícolas. Estava completado o que ficou sendo chamado de "Sistema 34 e 18", que pareceu ser, durante algum tempo, a decisão política capaz de levar o Nordeste a níveis de crescimento econômico superiores aos do restante do Brasil e fazer que um dia não mais houvesse tanta desigualdade entre as diferentes regiões brasileiras.

Ainda em 1963, com a criação da Superintendência do Desenvolvimento da Amazônia – SUDAM, foi dada às empresas nacionais e estrangeiras instaladas no Brasil a opção de aplicarem suas deduções do Imposto de Renda em empreendimentos localizados no Nordeste ou na Amazônia. Esse desvio de recursos não causou reação alguma na região, uma vez que os estados amazônicos eram tão subdesenvolvidos quanto os do Nordeste.

O movimento militar de março de 1964 representou um freio no trabalho da SUDENE. Seu idealizador e primeiro superintendente, Celso Furtado, foi cassado logo nos primeiros dias de abril e muitos competentes técnicos abandonaram ou foram obrigados a deixá-la. Alguns participantes mais radicais do movimento chegaram a pregar a pura e simples extinção do órgão, sob a alegação de que seus programas eram "esquerdizantes". A SUDENE superou essa fase, porém nunca mais voltou a ter a força política e o prestígio necessários para executar seus ambiciosos planos desenvolvimentistas.

A ideia dominante entre os responsáveis pela política econômica dos governos após 1964 era a de que todos os esforços de desenvolvimento do País fossem concentrados no Centro-Sul, onde já existia toda uma infraestrutura

montada e onde, por isso mesmo, os investimentos tinham muito maiores possibilidades de retorno. Os esforços governamentais somente se voltariam para o Norte e o Nordeste quando o Centro-Sul estivesse plenamente desenvolvido. O fator econômico passou a ter total predominância sobre o social, situação que ainda hoje perdura.

Dentro desse enfoque distorcido e graças ao enfraquecimento do Legislativo e à centralização das decisões políticas nas mãos do Presidente da República, começou o esvaziamento da SUDENE. Os governadores dos estados nordestinos, já não mais eleitos pelo povo, careciam de condições para protestar contra o corte de verbas e a retirada de subsídios. Apenas alguns tímidos e inúteis protestos se ouviam, vez por outra, no Conselho Deliberativo da entidade, cujos superintendentes também pouco podiam fazer.

Mas algo pior estava por vir. Em 1966, foi golpeado pela primeira vez o "sistema 34 e 18". Foi dado às empresas o direito de aplicar 25% daquilo que era devido ao Imposto de Renda em projetos de reflorestamento em qualquer região do Brasil. No ano seguinte, o mesmo benefício estendeu-se aos projetos pesqueiros e, em 1969, aos empreendimentos turísticos. No mesmo período, deliberadamente deixou o governo central que os salários pagos pela SUDENE aos seus servidores se aviltassem a tal ponto que houve uma saída em massa de técnicos, principalmente para o setor privado.

Em 1970, no auge de uma seca, outro golpe mortal nos recursos do "sistema 34 e 18". Obrigatoriamente as empresas aplicariam 30% do Imposto de Renda no Programa de Integração Nacional PIN. Foi esta a fórmula encontrada pelo governo para levantar recursos para construção da ainda hoje inacabada Rodovia Transamazônica. A justificativa para abrandar as tímidas queixas dos nordestinos era a de que, para as terras situadas ao longo da Transamazônica, seriam transferidos os flagelados da seca, que ali encontrariam terras férteis e úmidas para desenvolver sua agricultura. A pretexto de ajudar os nordestinos, tomavam-se recursos do Nordeste.

O Proterra foi o golpe seguinte no "sistema 34 e 18". Sigla de um pretensioso Programa de Redistribuição de Terras e Estímulo à Agroindústria do Norte e Nordeste, ficava com 20% do total das deduções do Imposto de Renda devido pelas empresas. Foi, entretanto, mais uma das medidas tomadas no Brasil para modificar, embora que de raspão, a estrutura fundiária que nunca funcionou. O único resultado prático do Proterra foi reduzir ainda mais os recursos destinados ao Nordeste.

Os recursos inicialmente destinados à região estavam reduzidos a 25% do total, insuficientes para atender às empresas

que se criaram no Nordeste imaginando poder contar com tal dinheiro. A demanda tornou-se bem maior que a oferta, gerando graves distorções. Uma delas foi a exagerada elevação das taxas de captação. Empresas do Sul, para aplicarem suas deduções num projeto industrial ou agropecuário do Nordeste, exigiam compensações acima das condições da empresa nordestina em formação. Isso, mais o descrédito no processo, decretou o fracasso do "sistema 34 e 18".

Em substituição ao "sistema 34 e 18" foram criados em dezembro de 1974 o Fundo de Investimento do Nordeste – FINOR, o Fundo de Investimentos da Amazônia – FINAM e o Fundo de Investimentos Setoriais – FISET, este para acolher as deduções das empresas que optassem por investimentos no turismo, pesca e reflorestamento. A criação desses fundos modificou a sistemática anterior: agora, a empresa investidora já não tinha o direito de escolher um determinado empreendimento, cabendo então à SUDENE, na área do Nordeste, a distribuição dos recursos amealhados pelo FINOR.

Com as sucessivas sangrias sofridas pela SUDENE não só no sistema de deduções no Imposto de Renda, como também no seu próprio orçamento, acentuaram-se as desigualdades entre o Nordeste e o Centro-Sul. Principalmente porque o governo federal continuava fazendo investimentos maciços no Centro-Sul – ponte Rio-Niterói,

Itaipu, Ferrovia do Aço, metrôs do Rio e de São Paulo, porto de Tubarão, Usiminas e outros projetos – enquanto nenhum projeto federal de vulto contemplava o Nordeste. O único investimento de grande porte nos últimos 20 anos na região foi o Polo Petroquímico de Camaçari, Bahia, mas realizado com recursos do FINOR, do próprio Nordeste portanto, ao passo que os polos petroquímicos de São Paulo e Rio Grande do Sul foram concretizados com recursos da União.

Para se ter uma ideia do que foi feito com o Nordeste após 1964 basta citar o fato de que em 1983 ascenderia a cerca de 1 bilhão de dólares o total de recursos a mais que seriam investidos na região, caso não tivessem ocorrido as reduções do "sistema 34 e 18".

INDICAÇÕES PARA LEITURA

Três obras são fundamentais para a compreensão do Nordeste. *Casa Grande & Senzala*, de Gilberto Freyre, deve ser a primeira a ser lida. Nesse estudo já clássico, o autor faz, com linguagem mais que atraente e de fácil entendimento, um profundo e esclarecedor estudo sociológico e antropológico da sociedade patriarcal brasileira e, especificamente, da que se desenvolveu no Nordeste em torno da cana-de-açúcar.

Os Sertões, de Euclides da Cunha, é outra obra clássica, que não pode deixar de ser lida. É dividida em três partes: A Terra, O Homem e Luta, esta uma descrição do que foi a Guerra de Canudos. O leitor não deve se deixar embaralhar pela linguagem rebuscada, principalmente na descrição da Terra. Vencida esta etapa, *Os Sertões* torna-se um empolgante livro de aventuras.

A terceira obra recomendada é *A Terra e o Homem no Nordeste*, de Manoel Correia de Andrade. Nela, o autor, além de uma perfeita descrição física do Nordeste, apresenta um bem documentado estudo sobre a propriedade da terra e as relações de trabalho existentes na região.